Portas

Mágicas

Qual dessas portas você abriria?

Produção de Conteúdo: Ariane Marques Copetti

Projeto Editorial: Editora Conteúdo Vital

Editora Conteúdo Vital

Rua Marculino Bruneta, 245

Bairro Carelli, Videira, SC

CEP 89566-744

A finalidade da arte é dar corpo à essência secreta das coisas, não é copiar sua aparência.

Aristóteles

Sumário

Apresentação

Meu nome é Ariane, sou artista de palavras e imagens.

A coleção "Portas Mágicas" é um projeto de fotografia artística integrado a um texto poético e descritivo. Caminho obrigatório do cotidiano, portas são passagens, um limiar entre um lugar e outro, uma transição entre duas situações. Foi assim que me senti durante o ano de 2022, onde situações de minha vida pessoal me fizeram transitar constantemente entre o céu e o inferno. De repente, observar portas fez todo o sentido. Assim, comecei fotografando livremente a arquitetura desse local mágico por onde de alguma forma passamos todos os dias.

Elas são uma representação dos desafiantes momentos que vivi e não me deixam esquecer da importância da mudança em minha vida.

A seleção conta com portas de vários estilos, formatos e cores. Me inspirei muito observando-as e refletindo sobre a vida que ali acontecia. Espero te inspirar também!

Portas?

Portas encerram mas também abrem. Além disso elas são espaços de encontro.

Portas são parciais. Parcial significa que existe ou se realiza em partes ou que faz parte de um todo. Uma porta não existe sem os seus dois lados. Isso é indivisível!

Olhando pelo ponto de vista do dono da casa. O lado de dentro é mais escondido, privado e o lado de fora, aparente, ou público. Ambos podem ser céu ou inferno, depende de quem olha.

Cada lado vive situações diferentes, tem uma opinião e levam isso em consideração no momento de passar uma informação.

Isso fez eu aprender que um ponto de vista não é necessariamente bom ou ruim, ele é apenas uma perspectiva, e a avaliação bem ou mal depende do modo particular de pensar e da importância que damos aos fatos.

Afinal, nem toda porta fechada está trancada. ;) Essa é a magia!

A Magia

A luz é a magia que ilumina os olhos daqueles que querem ver.

Eu quis ver e precisei medir a luz. Em cada porta, vi mistérios, crônicas, conto de fadas e metáforas. Deixei a mente contar o que via. Descrevo por meio do produto de minhas fotografias um pequeno retrato dessas portas pelas quais passei durante minha viagem.

Portas Mágicas, é o registro da minha prática de olhar, refletir e escrever sobre o que vejo. Nesse contexto, coloco minha fotografia como uma paisagem que naturalmente, não é estática, pois não termina dentro do espaço limitado pelo seu formato, ela se completa com a participação de quem a vê. E essa parte já não depende mais de mim, e sim, do espectador.

Constatei que ao organizar esse conjunto de trabalhos percebi melhor minha evolução pessoal no fazer artístico. Sempre entendi que o processo é mais importante que o final. É o caminho que nos fortalece e não a chegada. Por isso, considero essa mais uma trajetória, mais uma porta de passagem, de encontros.

A Arte

Exploro em meu trabalho a arquitetura e a natureza onde alinho a conexão com a vida humana por meio de textos.

Utilizo a fotografia artística como um meio de reprodução de minhas ideias. Uma imagem pode guardar elementos para além do que podemos ver imediatamente. Desde que produzidas por meio de um olhar mediado pelo conhecimento da técnica, da linguagem e do contexto histórico. Uma experiência teórica e prática que vivo na dimensão poética do meu fazer artístico.

Ao observar imagens enquanto uma composição, não analiso apenas o todo, mas também os elementos que a compõem. Isto é, o resultado da combinação de elementos visuais, são eles: ponto, linha, superfície, luz e sombra, cor e volume.

Assim, acontece meu processo criativo, ele pode ser entendido como fruto da minha sensibilidade, da pesquisa e do trabalho técnico. Uma vez que a criação é também espelho daquele que cria, personalizei cada imagem com um texto singular.

A Chave

Eu te entrego as minha portas, mas não a chave.

A chave para abri-las, você terá que encontrar por si mesmo. Ela está na observação, na leitura, no sentido de interpretação, na habilidade de ver além da superfície das coisas. É um processo natural de crescimento para dentro. Você se expande sempre que pratica.

Portas

Mágicas

Qual dessas portas você abriria?

1. A Casa das Borboletas

Em 2022 passei seis meses na Itália realizando meu processo de cidadânia Italiana. Foi um momento de transformação e de novas experiências.

Quando eu passeava de bicicleta pela cidade, encontrei essa fachada decorada com duas grandes borboletas. Que feliz coincidência! Elas são um bom exemplo de transformação e paciência.

Esta residência lembra um casulo, palavra com origem no latim que significa casa pequena, pois envolve todo o corpo.

Esse casulo tem porta de vidro com moldura de metal e possui uma bonita cobertura translúcida acima da guarnição na parte superior da porta. Sua linha curva dá a impressão de que ela sai de dentro da parede como uma cachoeira. Será que tem mais borboletas lá dentro?

Local: Adria, norte da Itália

2. Bem-vindos à bordo!

Todos os dias, sem exceção, abrimos portas para algo novo e fechamos para o que passou. Nesse caminho obrigatório do cotidiano, encontrei uma escadaria ornamentada com plantas nas laterais e um corrimão de ferro preto, que recepciona os visitantes. Ela conduz até um portal com um batente superior circular emoldurado por um relevo que sobe desde as laterais.

A porta tem duas folhas e está pintada em um intenso vermelho. Um cartaz com fundo preto está preso na folha da esquerda e exclama: Liberté, Egalité, Fraternité. Exilés: l'accueil d'abord. Traduzido para o português: "Liberdade, Igualdade, Fraternidade. Exilados: bem-vindos a bordo!"

Isso me lembra a frase do escritor francês, Antoine de Saint-Exupery:

"Aqueles que passam por nós não vão sós. Deixam um pouco de si, levam um pouco de nós."

Local: um pequeno povoado no Sul da França.

3. Caminhos

Portas apontam em uma direção, quer dizer no máximo em duas. Ou vamos para dentro ou vamos para fora.

Essa porta tem um ponto de vista diferente. Amplia as possibilidades. Como assim?

Ela é de madeira em tom natural e sua estrutura está preenchida com adesivos diversos. A fechadura está instalada do lado direito e tem ao centro uma abertura que serve para a correspondência. Acima do batente superior há um espaço onde foi colocado um vaso retangular com plantas e na parede acima está a sua identificação, o número 41, em uma plaquinha. Na lateral esquerda também vemos várias placas coloridas, que apontam em distintas direções. Nelas estão nomes de cidades com a informação da distância a ser percorrida.

Todos os dias temos novas decisões e caminhos a escolher. Nos organizamos do lado de dentro e tudo se reflete do lado de fora. O caminho para fora é amplo e complementa o nosso interior.

Local: França

4. Casa 3Bis

Elas são gêmeas, mas não iguais. Basicamente a mesma cor e função: portas de acesso.

Até mesmo o material usado em sua estrutura é similar, madeira e daquelas que já tem bastante tempo de vida. Acima de ambas uma pequena janela retangular.

Definidas suas semelhanças vamos as diferenças.

Uma tem o batente superior arredondado e a outra segue uma linha reta. Uma possui grades na janela superior e a outra não. Apesar de suas soleiras estarem na mesma altura da rua, uma parece ser menor que a outra.

Nesse mundo de semelhanças e diferenças elas convivem lado a lado. E fazem "bis" no número que as identifica.

Você sabe quem é a 3BIS?

Local: França

5. Charmosa

Ela é alta e atraente.

Toda pintada de um verde escuro brilhoso, essa porta faz parceria com as plantas que crescem ao seu redor e preenchem a parede em ambos os lados.

Estilo porta almofada com design de retângulos, puxador central e a entrada para a caixa de correio encaixada em sua estrutura.

O destaque está no alto batente superior que é composto por um jogo de quatro vitrais protegidos por uma fina tela. Eles permitem uma ótima iluminação interna. Além disso fazem parecer que a porta é bem maior do que realmente é.

Ela não passa despercebida. Sua presença é como ímã, confiante e notável ela convence e garante uma bela recepção.

Local: França

6. Clorofila

Verde é a cor do pigmento presente em diferentes espécies de organismos, entre eles as plantas. É a cor da clorofila, responsável por captar a luz do sol garantindo uma combinação mágica chamada fotossíntese.

A palavra fotossíntese "síntese das luzes" provém do grego photosýnthesis, phos = "luz" e synthesis = reunir a essência de algo, ou seja, "síntetizar".

Uma porta é um poderoso sintetizador, no sentido de que sintetiza, condensa todos os bons sentimentos. Um especial lugar de passagem que deve estar livre e bem identificado para que a energia circule.

Feita em largas tábuas de madeira, esta porta se beneficia da energia vital da cor verde aplicada em toda a parede ao seu redor. Os detalhes ficam por conta do delicado par de lamparinas e do lambrequim - o beiral do telhado. Este copia as linhas curvas das telhas formando uma costura horizontal em toda a fachada.

O que você deseja sintetizar na sua porta preferida?

Local: São Francisco do Sul/Brasil

7. Damas de Vermelho

Elas são duas, vestidas de vermelho. Uma tem pele de vidro e a outra formosos adereços. Destinadas a serem o caminho para dois distintos ambientes, essas portas são as Damas de Vermelho.

A da esquerda tem um delicado desenho em alto relevo que ocupa toda a sua estrutura. Lembra muito um colar artesanal com motivos tribais. Além disso, exibe uma longa maçaneta torneada que apresenta desgaste na cor, indicando o local onde é tocada frequentemente.

A da direita quer ser vista e mostra sua beleza no decote de vidro na parte central onde exibe uma foto emoldurada, a qual traduz os serviços gastronômicos ali oferecidos. Na parede, entre as duas portas, estão expostas as plaquinhas - de 2017, 2020, 2021 e 2022 - do reconhecimento do seu talento culinário no guia Gault&Millau.

Diferentes em seu formato e tamanho, elas compõem um lindo quadro na rotina dos seus transeuntes e um tesouro curioso para os olhares dos aventureiros mais atentos.

Local: França

8. Discreta

Um pequeno jardim elevado está acomodado na lateral e traz alegria para a entrada dessa casa.

A discrição está estampada na cor natural das paredes em pedra calcária que combina com a charmosa porta preta. Uma folha única feita de metal vazado e vidro. Juntos formam bonitos detalhes geométricos. Tem a soleira em lajotas vermelhas que constrasam com pequeno tapete preto a espera dos visitantes. Um sombreiro em metal está instalado acima e tem uma cobertura translúcida que parece ser vidro.

A privacidade fica por conta de uma cortina semi-transparente que protege o movimento no interior. Um recanto discreto e seguro.

Local: França

9. Em nome da Rosa

A beleza que arrisco traduzir em minhas fotografias vem da consciência que aplico ao olhar.

Esta sedutora porta com detalhes retangulares está acompanhada de uma janela e da portinha de proteção de serviços. Essa tríade pintada em tom de bege combina com a parede de pedra finalizada em uma tonalidade de rosa bem clarinho.

O encanto da fachada está na roseira trepadeira plantada ao lado da entrada e que divide essa tríade. Os ramos entrelaçados já ultrapassam a altura da porta e estão dispostos um pouco para cada lado, escondendo a viga de sustentação do andar de cima.

Isso me recorda de uma passagem do texto de Antoine de Saint-Exupéry em "O Pequeno Príncipe":

"Foi o tempo que dedicaste à tua rosa que a fez tão importante."

Local: França

10. Encantadora

Um lugar encantador digno de contos de fadas.

A parede finalizada com um reboco rústico faz parceria com essa porta de madeira em uma simplicidade cativante.

De madeira escura e com boa parte de sua estrutura em vidro, ela está vestida com uma cortina branca semi-transparente. Ao seu redor vasos de plantas diversas. Uma trepadeira volumosa enche de frescor a lateral direita, no lado oposto o número seis e a caixinha do correio estão de prontidão.

A janela que está com a veneziana aberta, expõe a cor da estrutura branca com uma cortina idem e repete os vasinhos de flor no peitoril.

Um tapetinho preto espera os visitantes e um simples telhado com telhas de cerâmica a protege da chuva; servindo também de suporte para um vaso de flor ali pendente bem no centro da entrada.

Cuidado: eu encanto!

Local: França

11. Era uma vez...

...uma porta por onde todos passavam. Ela tinha histórias não contadas e uma cobertura de telhas de cerâmica que a protegia e fazia sombra. Sua cor marrom escura a camuflava entre as venezianas abertas, da mesma tonalidade. A mescla de cores areia da parede e da calçada pareciam oferecer sonífero. O que chamava a atenção, como sinais de alerta, eram os vasos de plantas na cor vermelha. Um de cada lado, na altura da janela e vários espalhados pela calçada.

Me disseram para sonhar e com isso muitas vezes continuei dormindo. Um dia acordei e foi dolorido. A consciência ativa no agora me transformou. Em cada passo para dentro, tudo se abria ainda mais. Lá no profundo escuro privado de mim. Portas se abriram, fecharam e continuam nesse vai e vêm promíscuo. Vejo a beleza em cada passo, os pontos de vista se tornaram perspectivas. Eles não tomam mais nenhum partido, nem do bem nem do mal.

Minhas portas são meus sonhos acesos no tempo certo. São as cores do meu dia, mapas para meus caminhos, segurança para quando preciso. Algumas continuam fechadas. O importante é eu estar pronta quando elas se abrirem.

Local: França

12. Esmeralda

Um verde produnfo. É a cor da pedra esmeralda, símbolo de sentimentos nobres, como amor e confiança. O nome tem origem no latim 'smaragdus' que significa "raio ou clarão". Ela está relacionada com o talento para as artes. Essa porta é símbolo desse poder, como um sentimento forte que transborda. Além disso, dizem que é uma das pedras principais do signo de touro.

Eu estava caminhando pelo outro lado da rua, quando esse conjunto precioso de luz verde brilhou no meu dia nublado.

Sua presença é marcante, encaixada em um portal de pedras brancas que fazem sua cor se destacar ainda mais. A estrutura é composta por uma única peça, tem um par de almofadas entalhadas com desenho geométrico e vitrais retângulares. Os cristais são protegidos por finas grades de ferro torneadas com motivos florais, que se repetem no vitral do batente superior. A maçaneta posicionada no centro pontua com maestria. Uma verdadeira joia!

Local: França

13. Fortaleza

Linda fortaleza de pedra.

Uma moldura composta de retângulos e quadrados em pedra branca, envolve essa porta. Como abrigo de proteção, boa parte da parede está preenchida por uma volumosa trepadeira de folhas verdes

A luz do sol ilumina gentilmente toda a fachada, desenhando algumas sombras na porção de parede ainda descoberta. Ela é uma porta elegante em sua estrutura de madeira com tons de canela, tem o batente e dois retângulos centrais com vitrais.

A parte inferior é de madeira maciça e possui almofadas entalhadas com design de retângulos e triângulos. Além de um bonito relevo horizontal, na altura da fechadura, todo detalhado.

Ela encerra, no sentido de guardar, um lugar de refúgio, a fortaleza do lar.

Local: França

14. Gentileza

Gosto de caminhar e observar com atenção os pequenos detalhes ao meu redor.

Essa porta de madeira tem um bonito vitral no seu batente superior. Ele está emoldurado e forma o desenho de losangos. Além disso sua abertura tem um tamanho padrão, porém foi dividida em duas folhas, que não tem a mesma dimensão. Na parte menor está instalada a campainha e na maior que serve de passagem e parece ser bem estreita, está a fechadura. Contudo, não foram esses detalhes que me chamaram atenção. É o que está em sua soleira que me deixou intrigada.

No primeiro degrau o morador deixou um maço de mudas de planta e uma placa. Nela está escrito em francês:

"Servez vous! Faire raciner dans l'eau avant de mettre en pot."

Isso significa algo assim em português: Sirva-se! Enraíze em água antes de envasar.

Em um ato de simplicidade a marca da gentileza.

Local: França

15. Grande Sorte

Quanta simbologia guarda uma porta.

Foi o aspecto estético que tem o acabamento em madeira pintado de cinza chumbo combinando com tudo ao seu redor, que me chamou atenção. Moderna, sofisticada e semi-panorâmica. Um fechamento em cristal permite reflexos da parte externa. Isso permitiu registrar minha imagem no vidro. Essa é a única porta na qual apareço.

No pequeno hall duas colunas de sustentação do andar de cima se destacam por serem pintadas de branco lúcido e estão acompanhadas por dois porta obejtos em metal que aguardam o momento certo.

No primeiro degrau em frente a porta está um gatinho deitado no maior conforto. Sua cor é de um mesclado de preto e branco. Não é a toa que dizem que gatos são animais mágicos e que trazem grande sorte.

Tudo combina!

Local: sul da França

16. Impressão

O que é a luz?

Segundo alguns dicionários é onda eletromagnética que impressiona os olhos. É através dela que percebemos a cor. Mas se ela for muito forte, não enchergamos nada. Precisamos medir a luz, ou seja dinamizar sua claridade para que possamos ver.

A luz do sol que ilumina essa porta faz com que possamos perceber sua cor de um branco neve, puro. Tem uma ampla abertura entre paredes de pedra nua. Dividida em duas folhas em uma estrutura de madeira com um xadrex de cristais que permite visão de dentro e de fora, tem a privacidade segura pela leve cortina interna. Uma segunda porta que serve como veneziana está aberta e também combina o mesmo branco que transmite lucidez ao fenômeno do olhar.

Ao seu redor uma vaporosa trepadeira dança com suas folhas verdes e deixa o registro dos ramos desenhados na fachada. A luz é a tinta que desenha os objetos na impressora da nossa imaginação. E aqui, o resultado final é transferido para esse suporte da realidade, a impressão de paz.

Local: França

17. Jardim Suspenso

Caminhar por pequenos povoados trazem surpresas agradáveis aos olhos.

A clássica dupla de porta e janela de vidro, semi panorâmica, com moldura branca recebeu um toque artesanal. O visual despojado e sem excessos da porta que é sincera e convidativa se completa com o clima campestre, que está estampado na fachada.

Que lugar é esse?

Em toda a parede superior acima da porta e da janela, um horizonte de vasos de cerâmica. Eles foram distribuidos de maneira aletória e possuem folhagens e flores. Para completar a parede foi toda forrada com largas tábuas de madeira em tons naturais.

O reflexo dos passantes na pele de vidro completa o visual desse jardim vertical.

Local: sul da França

18. Luminosa

Fui sequestrada pela luz dela.

O branco dessa porta se harmoniza com os tons de azul da parede e da moldura ao seu redor.

Feita em duas folhas de madeira, ela possui vários detalhes. Os desenhos geométricos encaixam um no outro. Começando pelo par de retângulos nas extremidades e um par de quadrados ao centro; dentro deles losangos e por fim, círculos.

Dizem que a síntese das formas losangulares é o brilho constante. Sim, ela brilha, equilibrada e poderosa.

O batente superior é circular e tem dois semi círculos, atravessados por raios que lembram o desenho de um sol.

A luz mais importante é aquela que não podemos ver. Aquela que vem de dentro.

Local: São Francisco do Sul/Brasil

19. Luz e Sombra

Essa porta está em um momento do seu dia em que recebe luz direta do sol.

Uma trepadeira volumosa cresce ao seu redor e alguns ramos estão pendentes em frente a fachada. O encanto está nas sombras desses ramos, que parecem rabiscos em sua estrutura. Ela tem um fechamento extra em madeira maciça, como se fossem duas venezianas. Estão abertas e recolhidas na lateral formando uma moldura vermelha que contrasta com o verde da vegetação.

Com uma ampla abertura e duas folhas, ela tem boa parte da sua estrutura em vidro. Isso permite uma boa visão tanto de dentro quanto de fora. Luz e sombra em perfeita harmonia.

O cristal recebeu uma cortina branca semi-transparente que preenche a abertura até a altura de qualquer olhar curioso. Protegendo tanto a parte interna quanto a parte externa. Além de garantir a privacidade controla a passagem da luz.

A dicotomia está presente e convive diariamente; de ambos os lados.

Local: França

20. Marcas de um Artista

Fico encantada com a criatividade que mora em cada porta.

Perto da casa em que eu morei durante minha estadia na Itália, haviam vários lugares interessantes. Todos os dias eu procurava por algo novo, trocava de caminho, de horário, tudo para mudar a perspectiva do olhar.

Fazia parte de um dos meus caminhos a humilde ruela, por onde era possível passar apenas a pé ou de bicicleta. Nela existia essa casa sem pintura nas paredes externas e com uma interessante decoração ao redor da porta, que não passou despercebido pelos meus olhos.

Feita de madeira, com duas folhas, com aquelas almofadas, quadros retangulares que se sobressaem na entrutura; ela está posicionada entre janelas. Acima do batente superior tem uma pequena varanda que serve de cobertura para a chuva. Nas laterais estão dispostos de maneira organizada, pequenos objetos de cerâmica que formam um bonito mosaico. A marca da habilidade das mãos de um artista.

Local: Adria, norte da Itália.

21. Marcas do Tempo

Portais do tempo. Senhoras do cotidiano. Você já passou por alguma porta hoje?

Essa é uma porta almofadada, ou seja, composta de quadros com placas de madeira e detalhes em alto relevo com desenhos em linha reta. Robusta, sua estrutura reforçada já apresenta as marcas do uso, como uma tatuagem, feita lentamente todos os dias.

Durante a minha viagem encontrei pelo caminho várias situações que me marcaram e modificaram. Como a estrutura dessa porta, guardo em mim a marcas do tempo.

Está encaixada em uma grande abertura entre paredes com estrutura larga e possui duas folhas, na parte inferior da direita o desgaste na pintura está bem nítido. Sua cor azul contrasta com o pálido branco do calcário aparente. O detalhe fica por conta dos ramos da planta trepadeira que cai elegantemente como se fosse uma franja sob sua testa.

Local: sul da França

22. Mercado

Quanta história já passou por essa porta. Um lugar que possui uma curiosa arquitetura, são os Mercados Públicos. Sempre cheios de vida, eles são o palco dos acontecimentos de uma cidade.

É o caso desse prédio, todo pintado em amarelo, com molduras brancas em alto relevo em todas as aberturas. A porta de ferro com o acabamento circular lembra os raios do sol e acima desse portal está escrito "Mercado" em letras de forma. Hoje Patrimônio Histórico Nacional, sua inauguração foi em 20/01/1900, ainda preserva na arquitetura seu estilo eclético.

A porta é protegida por duas colunas circulares que acompanham a altura da fachada e escondem o telhado. No alto recebeu como acabamento, pedras esculpidas em forma de cone, entre elas uma estrutura em meia lua sustenta uma estrela de cinco pontas. Sinônimo da cultura local, esse portal é testemunha silenciosa de muitas histórias.

Local: São Francisco do Sul/Brasil

23. Parceiras

Por todos os caminhos pelos quais já passei sempre encontrei parceiros em diversas encruzilhadas, vindos de outros caminhos, fizeram companhia por um tempo ou cruzavam a estrada em outras direções.

Um parceiro é alguém com quem fazemos par, com o qual nos associamos, um companheiro. Que divide conosco um momento.

Essas duas portas dividem uma realidade, olham para o mesmo espaço externo.

Contudo, não dividem o ponto de vista interno e trazem consigo histórias diferentes.

Elas estão lado a lado, tem o mesmo formato em linhas retas e parecem estar vestindo a mesma roupa, pois o tom da madeira é o mesmo. Possuem um semelhante par de abertura em vidro no centro, decorados com graciosas e delicadas grades de ferro.

Um detalhe chama a atenção. As fechaduras de abertura estão colocadas em posições diferentes. A marca da sua preciosa individualidade.

Local: França

24. Parcial

Parcial significa que existe ou se realiza em partes ou que faz parte de um todo.

Portas são parciais. Elas têm dois lados. Um escondido, privado ou lado de dentro e outro aparente, público ou lado de fora.

Cada um vive situações diferentes, tem uma opinião e levam isso em consideração no momento de passar uma informação.

Nessa, particularmente o lado que seria público, está se tornando aos poucos, parcialmente escondido pela planta trepadeira que cresce livremente.

Costurando cada centímetro ela preenche silenciosamente as duas laterais e se conecta por um apoio feito na altura da fechadura. Sua densa vegetação em tom de verde escuro se infiltra nos tons de verde mais claro da estrutura.

O público se tornou privado. Um esconderijo. Mas ele não sabe..

Local: França

25. Porta Jardim

Uma porta que se transformou. Eu poderia mostrar tantos outros lugares bonitos, fotografar paisagens com horizontes, mares sem fim, mas... Nesse momento meus olhos estão enfeitiçados. Eles só conseguem ver portas. Por todos os lugares que passo elas me intimam a ser testemunha de sua existência. Na presença delas ouço tudo o que elas tem a dizer em sigilo e prometo ser discreta ao revelar sua magia, nessa pequena porção das residências.

Nesse caso, a magia da transformação, abriu caminho para uma nova forma de ser. Agora essa porta é também o lugar de um jardim.

Feita de madeira, em duas folhas, ela tem na metade superior um bonito vidro jateado cujo os desenhos formam um xadrez e no centro foi aplicado um motivo floral.

Em sua soleira, que inclui um degrau, foram acomodados vasos com flores de diversos tamanhos e cores. Agora eles ocupam o lugar de passagem.

Ela continua sendo uma porta, mas agora mais restrita e seletiva.

Local: Adria, norte da Itália.

26. Porte Renaissence

Viajar também pode ser a oportunidade de entrar em um túnel do tempo. As incríveis cidades medievais conservam uma arquitetura espetacular.

No letreiro da parede, a direita da imagem, está escrito "Porte Renaissance" o que prova sua origem. Ela é da época do Renascimento, um período entre os séculos XV e XVI, época de transição da Idade Média para a Modernidade.

O Renascimento foi um movimento artístico e intelectual marcado por uma nova visão de mundo, pelo racionalismo e antropocentrismo.

As características dessa época estão registradas nessa porta de madeira, que recebeu entalhes em forma de losango distribuídos de maneira uniforme e um puxador central. Sua geometria equilibrada, harmoniosa e simétrica é testemunha de um tempo.

Local: França

27. Proteção

Portas encerram mas também abrem. É nesta dicotomia que mora a magia.

Esta encontrei em um pequeno povoado, quando passei por cidades medievais cheias de charme. Nesses lugares a arte medieval se mistura ao nosso tempo moderno produzindo lindas paisagens. São espaços construídos, com uma mistura de largas paredes de pedra bruta, muita história para contar e portas em diversos estilos que acompanham a progressão e mudança dos moradores.

Esta tem a estrutura em madeira e na sua metade superior um vitral xadrez, cheio de detalhes no cristal. O batente superior possui acabamento oval e pedras maiores que o deixam em evidência.

Plantas e um vaso suspenso na sua lateral direita, trazem delicadeza para esse lugar de passagem e uma pequena cerca de madeira roliça blinda a entrada. A arte de proteger a história e preservar os estilos, permtindo a convivência através dos tempos.

Local: Sul da França.

28. Querubins

Não consegui chegar muito perto para saber qual o material da sua estrutura. Ela é uma peça que obedece linhas retas com exceção da obra de arte que traz estampada.

Pintada na cor cinza, essa porta se destaca pelos desenhos florais em branco que preenchem toda sua estrutura.

No alto em cada ângulo está um pequeno par de querubins, um anjo considerado como mensageiro e símbolo da justiça divina. O batente superior é composto por três vitrais com símbolos. Um deles eu identifiquei como sendo a flor de lis.☐☐ Normalmente associada a ideias de poder espiritual.

Aquele lugar que enche você de imaginação. Casa de pedra esculpida, acompanhada de um pequeno jardim. No caso desta porta um par de vasos protege suas laterais e eles também estão protegidos, presos por fortes correntes.

Como diz o ditado: confie... mas amarre seu camelo.

Local: Sul da França

29. Resiliência

Resiliência é uma palavra que tem como sentido a capacidade de adaptação às mudanças.

Essa porta moderna é basicamente constituída em vidro fosco, foi reservado somente a moldura e aos batentes um elegante preenchimento em metal dourado escuro.

Ela faz parte de uma antiga construção medieval. As paredes brutas em pedra, as barras de cerâmica natural, a viga de madeira acima dela e a estrutura aparente do andar de cima, revelam a sua idade. É um exemplo de que podemos fazer boas adaptações.

Assumindo características do tempo atual, uma luminária retangular acima da porta combina com a caixa de correio em metal, à direita da imagem. Por fim, as plantas com flores, nas laterais, equilibram o visual.

Resistente ao tempo, essa construção busca equilibrar mudanças e adaptações mantendo a sua vivacidade. Uma verdadeira fórmula mágica.

Local: França

30. Simetria

Passear para admirar a arquitetura local, é um prazer para os olhos.

Acredito que a luz é uma forma de magia que ilumina os olhos daqueles que querem ver. Meus olhos são fisgados por essa espécie de luz que enfeitiça.

Nesta porta ela está presente na simetria e na harmonia dos detalhes. Ela é construída com finas ripas de madeira dispostas na vertical. Está pintada com um lindo azul marinho que contrasta com a moldura branca já desgastada e com a parede amarela.

O par de lamparinas, que parecem pequenos brincos, estão fixos na moldura que desenha seu contorno, e pelo brilho parecem estar acesas.

Uma dupla de vasos com plantas dispostos de maneira igual em ambos os lados, dão um toque verde. Para finalizar em cada uma das folhas da porta estão pendurados enfeites rústicos em forma de mandala.

As cores dessa paisagem lembram exatamente as da bandeira do Brasil. Fiquei hipnotizada.

Local: São Francisco do Sul/Brasil

31. Simplicidade

Simplicidade significa ausência de complicação, ou ainda apreciar as pequenas coisas da vida. Em 2022, passei alguns meses em uma cidade no norte da Itália, com cerca de 20.000 habitantes, e que possui uma história muito antiga, lá da época dos Etruscos. Aprendi a gostar desse lugar conforme descobria seus segredos. Andei com uma bicicleta dos anos 1950, que me permitiu passear lentamente e conhecer cada esquina, ruela; interagir com a rotina do lugar, com o movimento tranquilo de sua gente e com os eventos tradicionais da região.

Uma mandala decora a porta, revela a época da foto. Feita de madeira maciça a porta principal, constrasta com a porta ao lado, mais rústica e com bastante desgaste. Essa segunda porta possui uma abertura na altura da janela interna da casa e tem a função de um esconderijo, pois camufla algo que foi colocado abaixo da linha de visão e que sustenta um vaso de flor. Além disso, pode ser fechada favorecendo o isolamento nos dias mais frios. A simplicidade dessa porta reflete o clima singular e a essência dessa pequena cidade que me acolheu com tanta alegria italiana.

Local: Adria, norte da Itália.

32. Um ângulo de Encontro

Olhar é um hábito que me traz prazer e reflexão. O simples ato de observar fez eu perceber essa porta em uma pequena cidade.

Ela está encaixada em um feliz ângulo de encontro. Uma esquina!

Como coadjuvante, ela participa do formato de um desenho côncavo, como se a superfície de pedra da parede tivesse sido escavada. Nas laterais as duas coberturas de lona azul, do comércio local, alegra o visual.

Um prédio que preserva na arquitetura características de um tempo, com linhas curvas, orgânicas e detalhes florais em alto relevo na fachada. Acima da porta, duas grades de ferro, também muito decoradas, resguardam as janelas do andar superior.

Portas, nesse ângulo, no sentido de ponto de vista, ou por esse lado, são espaços de convivência do tempo, um lugar de encontro.

Local: sul da França

33. Um lugar Tranquilo

Quanta vida passa por uma porta.

Passear em pequenos povoados era uma de minhas aventuras. Lugares onde eu sempre encontrava maneiras de significar.

Essa porta de madeira com a metade superior composta em dois vitrais retangulares de cristal martelado, tem um charme especial. A decoração ao seu redor oferece aconchego e tranquilidade. O toque de originalidade fica por conta de uma panela de ferro pendurada em um dos galhos. Ela serve de vaso para uma planta, um detalhe cheio de personalidade.

Uma cadeira verde escura está posicionada de maneira estratégica à sua frente. Sua situação espacial indica que alguém a utiliza diariamente. Sobre a sombra da vegetação, ela espera pelo momento de descanso. Na lateral à sua direita estão organizados vasos com plantas robustas. Uma trepadeira que parece ser bem antiga, devido ao seu grosso caule, costura toda a fachada garantindo sombra a casa do número dois. Que tranquilidade, que frescor!

Local: França

Fim...?

O fim é só o começo ao contrário. Assim como o outro lado de uma porta fechada.

É o verso do começo. O lado avesso. Tudo tem um início e um fim. Dois lados.

De qualquer forma, em algum deles está você.

E de repente vemos que tudo é um questão de perspectiva, de ponto de vista.

Trancar, fechar ou encerrar são sinônimos bem próximos. Nem toda porta fechada está trancada. Estar fechada não significa que não é permitida.

Combinar ideias, criar é uma faculdade do espírito. Essa porta é sua.

Foi você que fechou, encerrou, guardou ou a trancou em algum momento. Talvez você não lembre, mas tem a chave que abre as portas da imaginação. Se quiser pode abrir e fechar, quando e para quem quiser, quantas vezes desejar.

Mas, sabe vou te contar um segredo.

Portas são espaços de magia.

Você não precisa acreditar. Basta sentir!